저는 왼손잡이도
AB형도 아니지만

**일러두기**
- 본문 속 주석은 옮긴이의 것으로, 우리나라와 다른 일본 문화에 대한 이해를 돕고자 했습니다.
- 젠더 관련하여 한국과 일본에서 쓰이는 용어가 다른 경우, 우리나라 기준에 맞추어 번역했습니다. 하지만 저자 의도가 담긴 경우는 원서에 맞추었습니다.

# 저는 왼손잡이도 AB형도 아니지만

**성별:**
☐ 남성  ☐ 여성  ☑ 그 외

저자 카라타치 하지메
역자 고망쥐

📖 **동양북스**

어릴 때는
세일러문을
좋아해서
치마도 입었던

지극히 보통의
여자아이
였습니다...

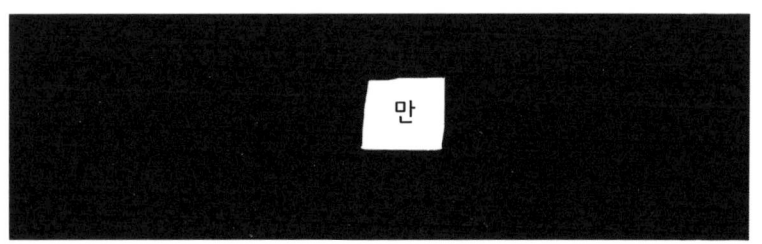

만

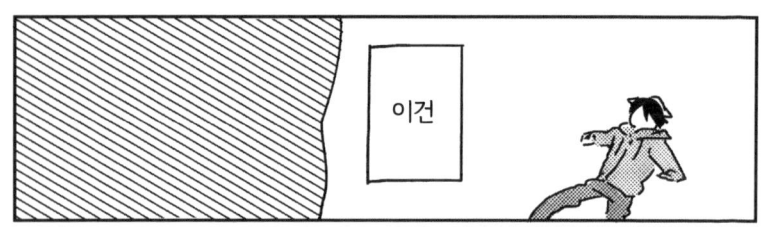

라고 믿으며
의심 없이
살아온 인간이

SNS로

다양한
의견을
들으며

다시 한 번
제 자신을 마주한
사실 그대로의
만화입니다.

# 목차

## 1장 | 남자가 되고 싶어!    011

- 나의 현재 상태
- 가슴
- 이름
- 좋아하는 옷을 입고 싶어
- 얇은 옷을 입기 힘들어
- 화장은 벌칙게임?
- 어느 성별로 보이고 있을까YO
- '성별에 위화감이 있다'는 느낌
- 위화감은 언제부터?
- 여자아이란 무엇일까?
- 여자아이 되기 프로젝트
- 사라지지 않는 위화감

## 2장 | 나는 LGBT인 걸까?    053

- LGBT인 걸까?
- 애초에 LGBT란?
- 넓다! 트랜스젠더
- 수술! ...까지는 하지 않을래
- 성 정체성을 고민하며 살아간다는 것
- 내가 속하는 곳
- '여자니까'에 대한 반발
- 연상의 남성
- '남자가 되고 싶다'란

## 3장 | 남자가 되려는 게 아니다...?

093

- ◆ 난 왜 여성인 게 싫은 걸까?
- ◆ 성이 있는 게 싫은 건가...?
- ◆ 서류
- ◆ 성이 있는 게 싫다는 건 결국...
- ◆ A섹슈얼이라는 것
- ◆ 에너지 있는 그림
- ◆ 사귐
- ◆ 아무리 설명해도...
- ◆ 'ㅇㅇ다움'에의 고집

## 마무리

129

- ◆ 이야기 다 해놓고 좀 그렇지만
- ◆ 특별한 게 아니라
- ◆ P.S.

# 1장

## 남자가 되고 싶어!

우선은 제가 지금 무엇을 생각하며 살고 있는지, 어떻게 살아왔는지를 말해볼까 합니다.

# 01 나의 현재 상태

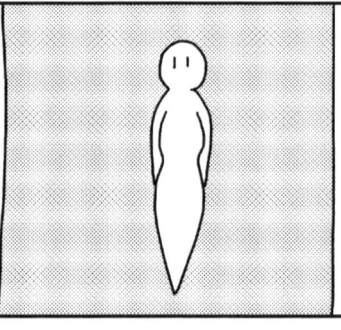

수술을 받은 건 아니어서

신체 성별은 여성인 상태입니다.

하지만

딱 보자마자 '여성'이라고 밝혀지는 게 싫어서

자켓이나

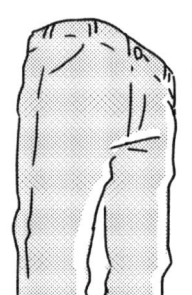

치노팬츠나

어쨌든 몸 라인이 뚜렷하게 드러나지 않은 옷

옷은 남성 옷만 입습니다.

다행히(?)
키도 그럭저럭
큰 편이고,
목소리도
낮은 편이라

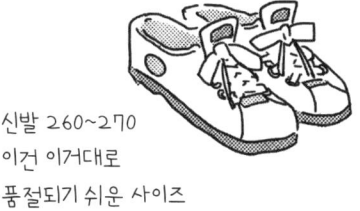

신발 260~270
이건 이거대로
품절되기 쉬운 사이즈

| 남 | 1 |
| --- | --- |
| 여 | 1 |

여성 친구와 간 노래방에서 인원 체크될 때

비교적
여성인 걸
들키지 않습니다.

가져가세요~

오빠~
들렀다 가요~

유흥업소
홍보용 티슈

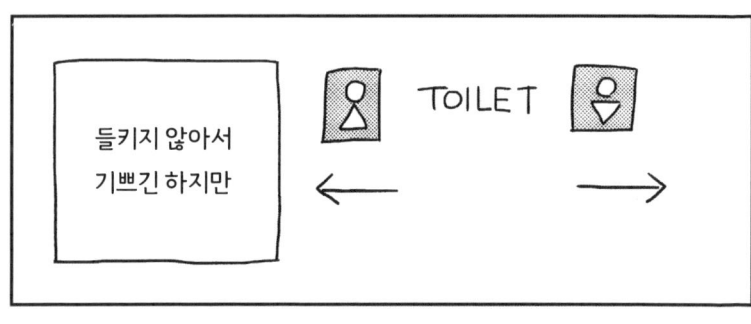

## 화장실 관련 이것저것

☑ 화장실에 먼저 온 분(다른 여성)이 있으면 볼일을 참고 다른 화장실을 찾는 편

☑ 밖에서 화장실을 가지 않아도 되도록 수분섭취를 피함

☑ 남녀공용이나 다목적 화장실, 편의점 화장실*은 마음이 편함

☑ 가능하면 줄 서서 있기 싫음

'남자가 들어왔다'며 다른 여성이 놀라면 미안하잖아

"거기 여자 화장실이에요." 라고 주의받은 적이 있다.

---

\* 일본에는 편의점 안에 화장실이 있는 곳이 많습니다.

# 02　가슴

목욕하거나
옷을 갈아입으려고
맨몸이 될 때마다

싫어도
눈에 들어오는 게
가슴입니다.

이게

**저어어어어어어
어어어어어어어
어어어어어어엉말
싫어서**

내가 여자인 게
재확인되는 순간

'가슴 있는 걸
들키고 싶지 않아'
라는 생각에

부풀어
있는 걸
감추고 싶다

자주
새우등으로
다니기도
했습니다.

원래
새우등이긴
했습니다만

감추려고 하다 보니
더욱 빨리 되어버리는
새우등

예전보다는
좀 더 가슴을 펴고
걷게 된 것 같습니다.

가방 끈 때문에
가슴이 드러날 일도 없어서
마음이 매우 편함

# 03 이름

병원

카라타치 씨-

카라타치 ○○○ 씨-

어쩔 수 없는 거지만...!!!

이름을 부르지 말아줘

성별이 단번에 들통난다고

# 04 좋아하는 옷을 입고 싶어

옷과 관련된 옛날 에피소드를 살짝 이야기해볼까 합니다.

여자아이 옷을 입는 것에 저항이 심해진 나

초6

초등학교 6학년 때는 이미 키가 158cm 언저리였기 때문에

사이즈가 없어서

기장이 좀 짧아서

낙낙하게 입고 싶어서

...가 여자 옷을 피할 구실로 쓰일 수 있다는 걸 깨달았습니다.

헤헤

초6

옷 관련해서 실랑이는 여러 차례 있었습니다.

반짝이가 조금 들어간 것 뿐이잖아.

쪼끄만 하트

싫어

싫어

이거

그건 남자 옷이잖아! 너는 여기서 골라!

꽃무늬

필요없어

고등학생, 대학생이 되고 점점 줄어들긴 했지만

이 정도 레이스는 참고 입어.

치마도

엄마

성인이 되어 상복을 살 때

...라고 하셨기 때문에 실랑이가 끝나지는 않을 것 같습니다.

# 05 얇은 옷을 입기 힘들어

여름

맛있는 게 정말 많습니다.

재미난 일도 정말 많지요.

하지만 저는

얇은 옷 입는 게 고역입니다.

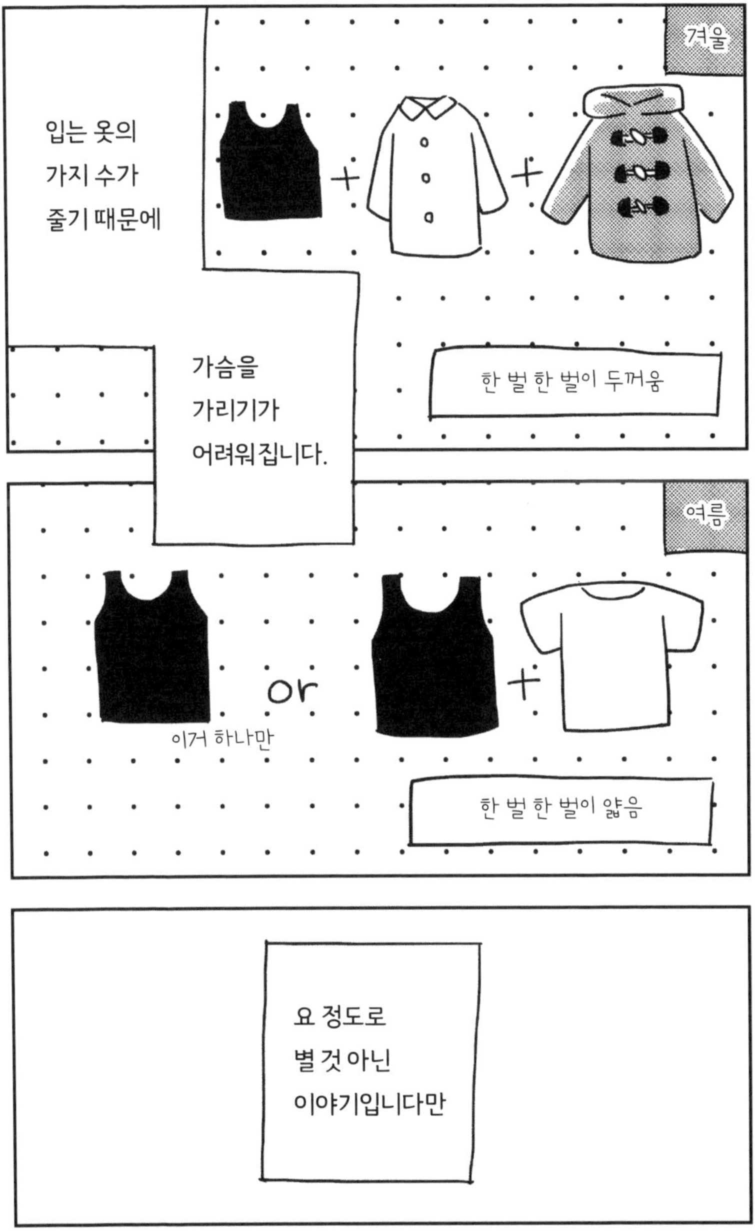

겨울

입는 옷의
가지 수가
줄기 때문에

가슴을
가리기가
어려워집니다.

한 벌 한 벌이 두꺼움

여름

이거 하나만

한 벌 한 벌이 얇음

요 정도로
별 것 아닌
이야기입니다만

기분상 역시 겨울 옷이 마음 편합니다.

성별 들키려나?

안 들키려나?

여튼 불안해서 걸쳐 입은 7부 소매 자켓이나 카디건

짧아도 7부까지 내려오는 바지

하지만 곤란한 만큼 여름이 싫은 건 아니라서

'올해도 그냥저냥 즐겼으면 됐지 뭐~' 라고 생각하고 있습니다.

밤에 산책하고 있으면 들려오는 봉오도리* 소리가 좋아

\* 봉오도리: 일본 최대 명절인 '오봉'에서 추는 춤

* 사무에: 작업용·일상용으로 입는 일본식 여름 남성복

# 06   화장은 벌칙게임?

복장으로 어떻게든 숨기고 있다지만

이름만 봐도 단번에 알 수 있고

주민번호는 여자

만나는 사람마다 일일이 설명하기도 그렇고

사회에서 보면 어쨌든 저는 여성입니다.

그래서

「사회」「여성」이라고 하면
"그게 룰이야.", "그게 매너야."라며

회피하기 어려운 '화장'이라는 것이 있습니다.

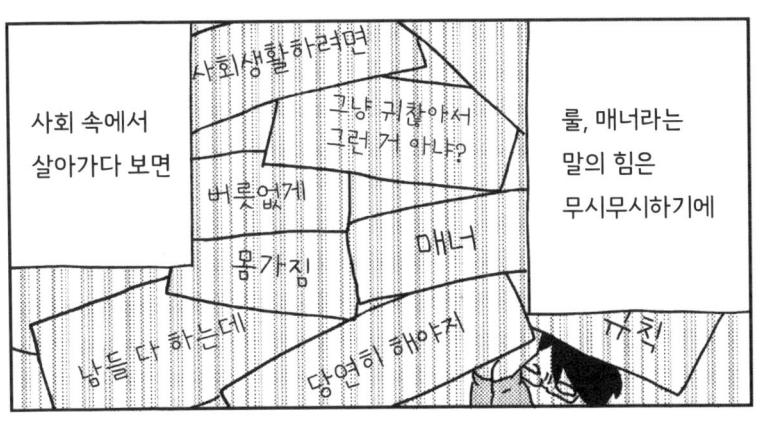

제가 생각하기에 제가 화장을 한다는 것은

와 하 하 하 하

어울리지 않는 여장을 하는 느낌입니다.

코미디 프로그램을 상상해보시면 될 듯

그 모습으로 공공장소에 간다니

게다가 사람과 만나고 일도 한다니

고통도 이런 고통이 없다 뭔 벌칙게임이냐

같은 느낌이라

대체 누가 정한 거냐

말도 안 되는 룰과 매너다

지금은 다행히 화장할 필요가 없는 일을 하고 있습니다만

언젠가 '화장은 하고 싶은 사람만 하면 된다'고 여겨지면 좋겠습니다.

그러고 보니 학원 강사로 일할 때 화장 안 해도 별 다른 이야기를 듣지 않았으니, 단정하고 말끔하기만 하면 되는 건가 싶기도

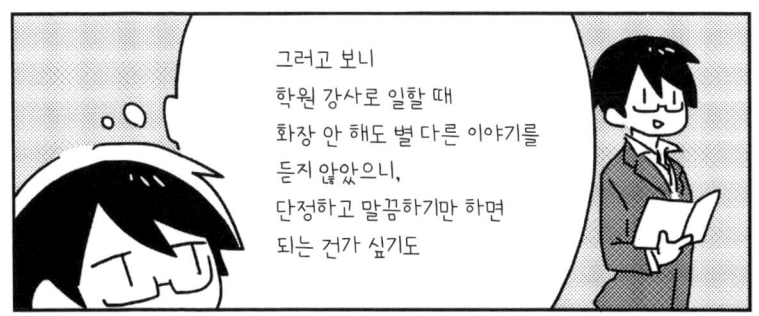

# 07 어느 성별로 보이고 있을까YO

편의점에서 물건을 살 때

포스기를 찍는 점원의 손을 무의식중에 보고 맙니다.

오늘의 나는 과연 어느 성별로 보일 것인가?!

뭔가 파랑과 분홍이 나란히 있는 버튼

(성별·연령 등 고객층 조사를 위한 용도 같습니다.)

구매하는 쪽에서도 제법 잘 보임

파란 버튼이 눌리면 내심 승리한 기분

앗싸

남자 직원이 파란 버튼 눌러주면 더 기쁨

# 08 '성별에 위화감이 있다'는 느낌

① 속옷가게 근처에도 가질 못한다.

이건 어디까지나 제 경우입니다만

여성 속옷

브래지어라는 말을 입에 담는 것도 꺼린다

보면 안 돼! 봐도 되는 게 아니야...!!

② '여성'이라고 불리면 '틀렸다'고 느낀다.

여자

여성이라서

여자아이니까

응

•1장 남자가 되고 싶어!

* 레이디스 데이: 일본 영화관에서 매주 수요일 여성에게만 관람비를 할인해주는 프로모션

# 09 위화감은 언제부터?

유치원 다닐 때는 그냥 여자아이.

그럼 언제부터 다르다고 느끼기 시작했을까?

정확히는 기억나지 않습니다만

초등학교 3학년 때 파랑이나 검정이라도 '남자아이용'을 부러워했던 것 같습니다.

옷이든 신발이든 확연히 남자아이로 보일 만한 건 사주시지 않았기 때문에

여자아이용 중에서도 디자인이 심플한 것, 파란색, 흰색, 검은색, 빨간색, 주황색 등을 골라 입었던 기억이 있습니다.

여행지에서 "거기 남학생"이라고 불려서 기뻤던 게 기억납니다.

# 10 여자아이란 무엇일까?

중학생이 되면 피할 수 없는 것이 생깁니다.

**교복입니다.**

체육복 (여름에만)

체육복 반바지

중학생이 된 것뿐인데 왜 갑자기 매일 치마를 입어야 하는가.

말할 것도 없이 남자애들 교복이 부러웠습니다.

◆1장 남자가 되고 싶어!

어느 날 갑자기
대답도 할 수 없게 되었고

대신
그림 그리는 걸로
친해지게
되었습니다.

이때부터 여자애란 어려웁네 라고 저를 '여자'와 따로 분리해서 생각한 것 같습니다.

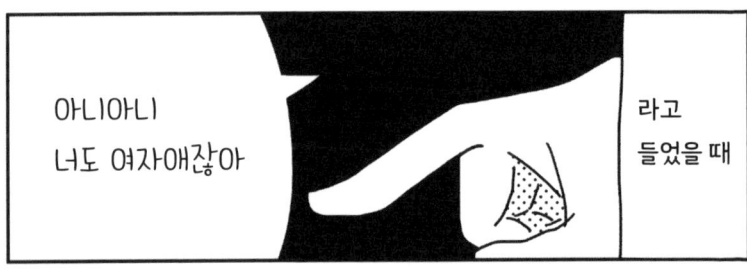

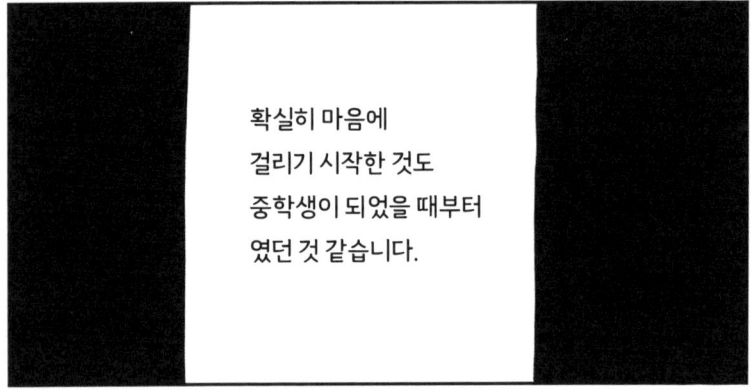

# 11 여자아이 되기 프로젝트

내가 여자인 것에 위화감을 가진 채로만 살았는가 하면

그렇진 않고

대학교 1학년 때까지 정기적으로

여자아이 되기 프로젝트

를 실시 했습니다.

# 프로젝트 개요

☆ 프로젝트 기간 중에는 머리를 길러보아요!
머리장식, 핀, 고무줄을 사용해서
예쁘게 스타일링 해보기!

☆ 숙녀복을 입어보아요!
스커트, 쇼트 팬츠, 점프수트 등...
예쁘고 귀여워 보일까??

☆ 액세서리도 잊지 말아요!
목걸이, 귀걸이, 팔찌...
이것저것 착용해보고 더 예뻐져요!

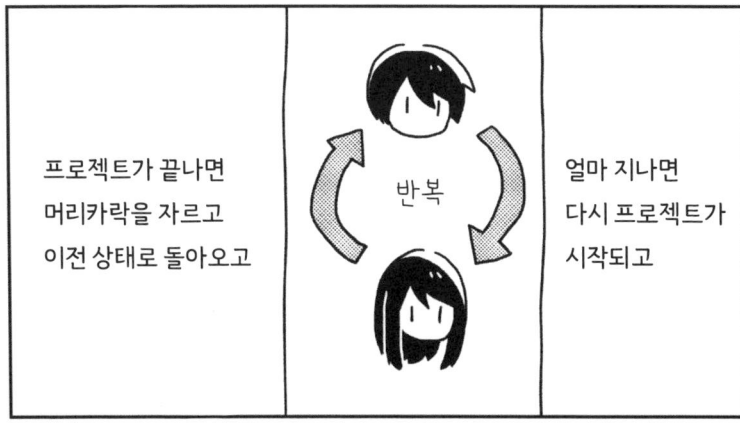

# 12. 사라지지 않는 위화감

고등학생 시절 친구가 "하지메가 남자였으면 좋았을 텐데~"라는 말을 자주 했던 기억이 납니다.

간혹 신문에 '성동일성장애를 겪던 아이가 현재 본인이 바라던 성으로 살고 있다'는 기사가 있으면

반드시 정독했습니다.

좋겠다

주변 여자아이와 같은 부류라는 생각이 중학생 때보다 더욱 들지 않아서

역시 난 보통사람이 아니구나아

성별에 대한 생각이 항상 머릿속을 맴돌게 되었습니다.

남자친구도 필요없어

귀엽거나 예쁘게 보이는 것도 원치 않아

인기 많은 사람이 되고 싶지 않아

화장에 흥미도 없어

주변에서는 "언젠가 흥미가 생길 거야" "남자친구도 생길 거니깐" 라고 말하지만

괜찮아 괜찮아

'언젠가'는 오지 않은 채 지금에 이르렀습니다.

결혼은? 소개팅 해봐 아이는? 노력해야지

# 2장 나는 LGBT인 걸까?

최근 자주 접하는 단어, LGBT. 성별에 위화감을 느끼는 제가 과연 LGBT인지 생각해보았습니다.

# 01  LGBT인 걸까?

일본에서는
왼손잡이, AB형과
비슷한 비율로
차지하는
LGBT

왼손잡이 11%
AB형 9%
LGBT 8%*

하지만
지금의 나를
LGBT라고
확언하기엔
아무래도
아닌 것 같아

뭔가 이렇게
몽롱하고 애매해

*「電通ダイバーシティ・ラボ」에서 2020년 12월에 실시한 조사에서는 8.9%.
전국 20~59세 6만 명 대상이었기 때문에, 실제는 더 많을 수도 있습니다.

# 02  애초에 LGBT란?

LGBT라는 말만큼은 제법 널리 퍼져 있는 것 같습니다.

좀 전에는 '성동일성장애'라고 일괄적으로 묶여 있던 이미지인데

대략 이렇게 볼 수 있습니다.

**Lesbian** (레즈비언)
여성으로서 여성을 좋아하는 사람

**Gay** (게이)
남성으로서 남성을 좋아하는 사람

**Bisexual** (바이섹슈얼)
동성도 이성도 좋아하는 사람

**Transgender** (트랜스젠더)
출생 시의 성별과 다른 성별로 살아가는(살고 싶어 하는) 사람

LGBT에 QA를 더해서

 (퀘스처닝)

자신의 성별, 성적 지향을 모르거나 갈등하는 사람

 (에이섹슈얼)

다른 사람에게 연애 감정이나 성적 욕구를 느끼지 않는 사람

LGBTQA라고 하는 경우도 있습니다만*

성 자기인식 (자신의 성별을 어떻게 인식하고 있는가)

개인적으로는 이렇게 나누고 싶습니다.

연애·성적 지향 (누구를 좋아하는가)

T     Q     L G B A

자신의 성별에 위화감이 있다

자신의 성별에 위화감이 없다

---

\* Q는 퀘스처닝(Questioning) 혹은 퀴어(Queer)를 의미합니다.
이 책에서는 원작 의도대로 퀘스처닝으로 표기했습니다.

•2장 나는 LGBT인 걸까?

그래서
같은 선상에 두기엔
'LGB와 T는
좀 다르지 않나?'가
제 생각입니다.

문제의 방향성이 다른 것 같아

화장실을 갈 때
고민 없이 갈 수 있는지
없는지를 생각해보면
알기 쉬울 수도 있습니다.

### LGB

신체 성별과
본인이 인식하고 있는
성별이
**일치함**

 남자니까 남자 화장실에 가겠습니다

 여자니까 여자 화장실에 가겠습니다

### T

신체 성별과
본인이 인식하고 있는
성별이
**일치하지 않음**

 TOILET

마음은 이쪽 / 하지만 몸은 이쪽

# 03 넓다! 트랜스젠더

### 트랜스젠더 란

출생 시의 성별과 다른 성별로
살아가는 (살고 싶어 하는) 사람

아마 저는
이쪽에 가까운 듯

트랜스젠더는
대체로 이런 사람
이라고
말씀드렸습니다만

'다른 성별로
살고 싶다'는 마음에도
레벨이 있습니다.

강                                      약

| 약 | 이성 옷을 입고 바로 들키지 않는다면 일단 생활 가능 |

| 중 | 호르몬 치료 등으로 몸도 이성에 가까워지고 싶어! |

'이성'보다는 '젠더(마음속의 성)'라고 하는 게 맞을지도

| 강 | 바로 수술하고 싶어! 주민번호도 바꾸고 싶어! 이대로는 제대로 생활하기가 곤란해! |

극히 일부지만 이런 경우도 있을 겁니다.

**논바이너리**
남성도 여성도 아닌 성을 원하는 사람
이라는 것도 있고 정말 복잡

컴퓨터

이것저것 있단다

• 2장 나는 LGBT인 걸까?

단, 모두에게 공통되는 점은

취미로 하는 여장·남장과는 달라!

태어날 때의 본인 신체 성별에 위화감이 있다는 것입니다.

병도 아니기 때문에

...라고 해서 고칠 수 있는 것도 아닙니다.

고쳐

그래서

# 04 수술! ...까지는 하지 않을래

여성인 건 숨기고 싶다.

남성으로 보이면 기쁘다.

그럼 '나는 남자다'라고 확언할 수 있을까?

남자가 되면 해결될까?

이것이 '좋아! 돈 모아서 남자(완전체)가 되자!'를 할 수 없는 이유 중 하나입니다.

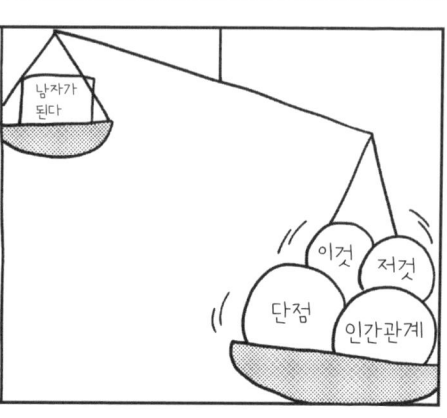

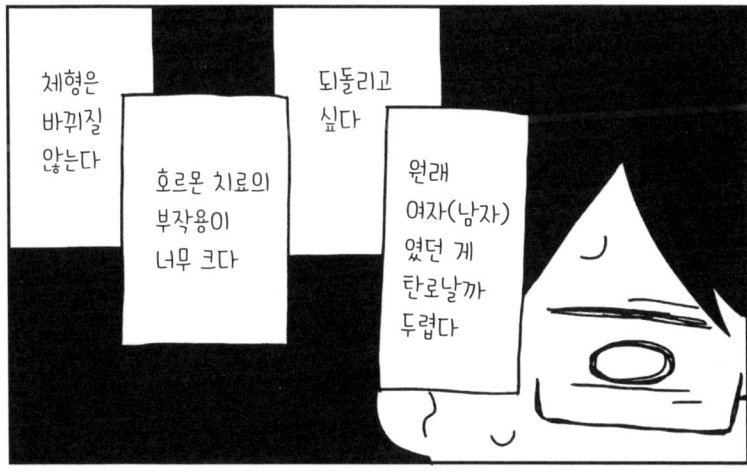

# 05 성 정체성을 고민하며 살아간다는 것

저는
제 자신의
지금 상태를
감추기보다는

복잡하고
귀찮을 수도 있지만
알아줬으면 좋겠어

알아줬으면 해서
저부터 목소리를
높여가는 쪽입니다.

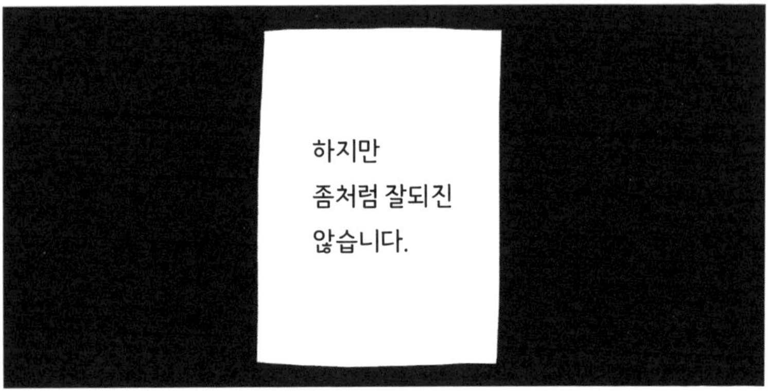

하지만
좀처럼 잘되진
않습니다.

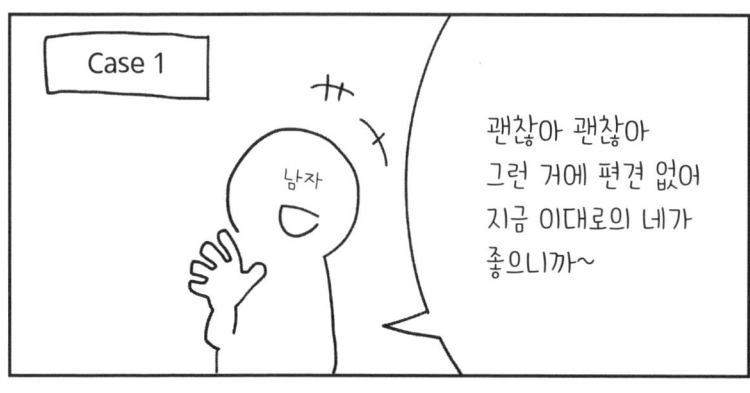

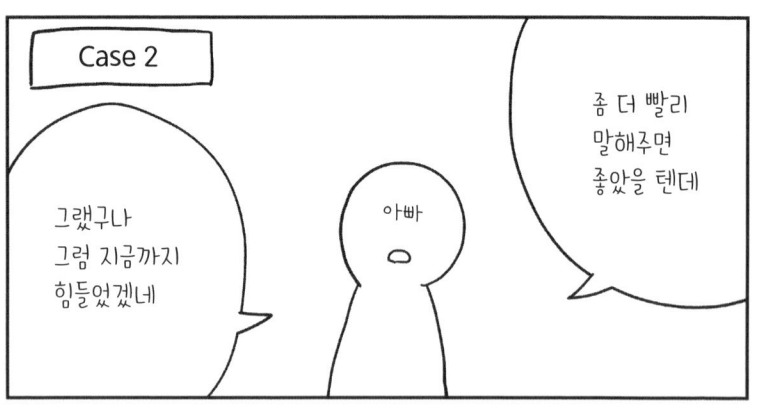

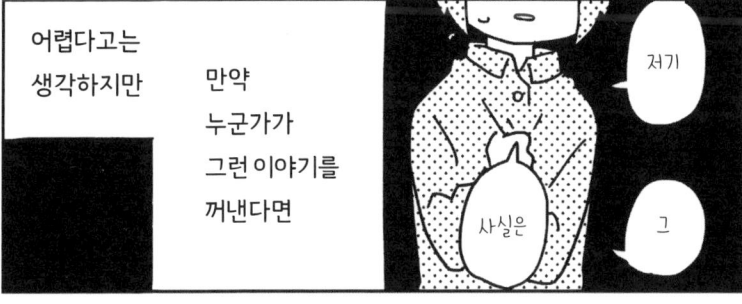

# 06  내가 속하는 곳

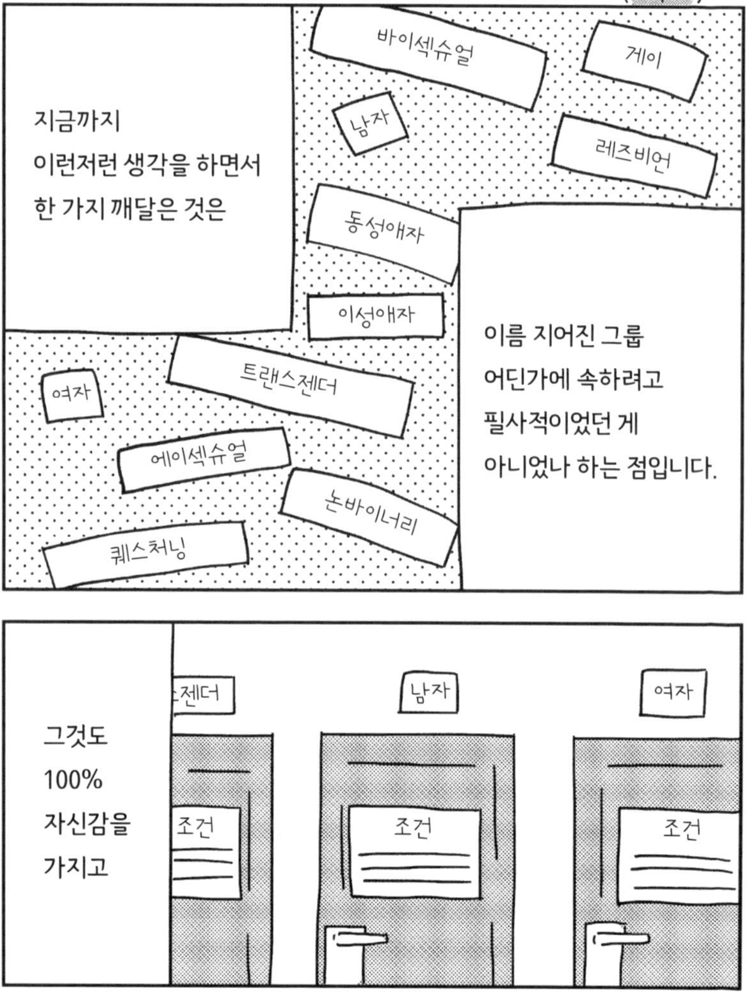

지금까지 이런저런 생각을 하면서 한 가지 깨달은 것은

바이섹슈얼  게이  남자  레즈비언  동성애자  이성애자

이름 지어진 그룹 어딘가에 속하려고 필사적이었던 게 아니었나 하는 점입니다.

여자  트랜스젠더  에이섹슈얼  논바이너리  퀘스처닝

그것도 100% 자신감을 가지고

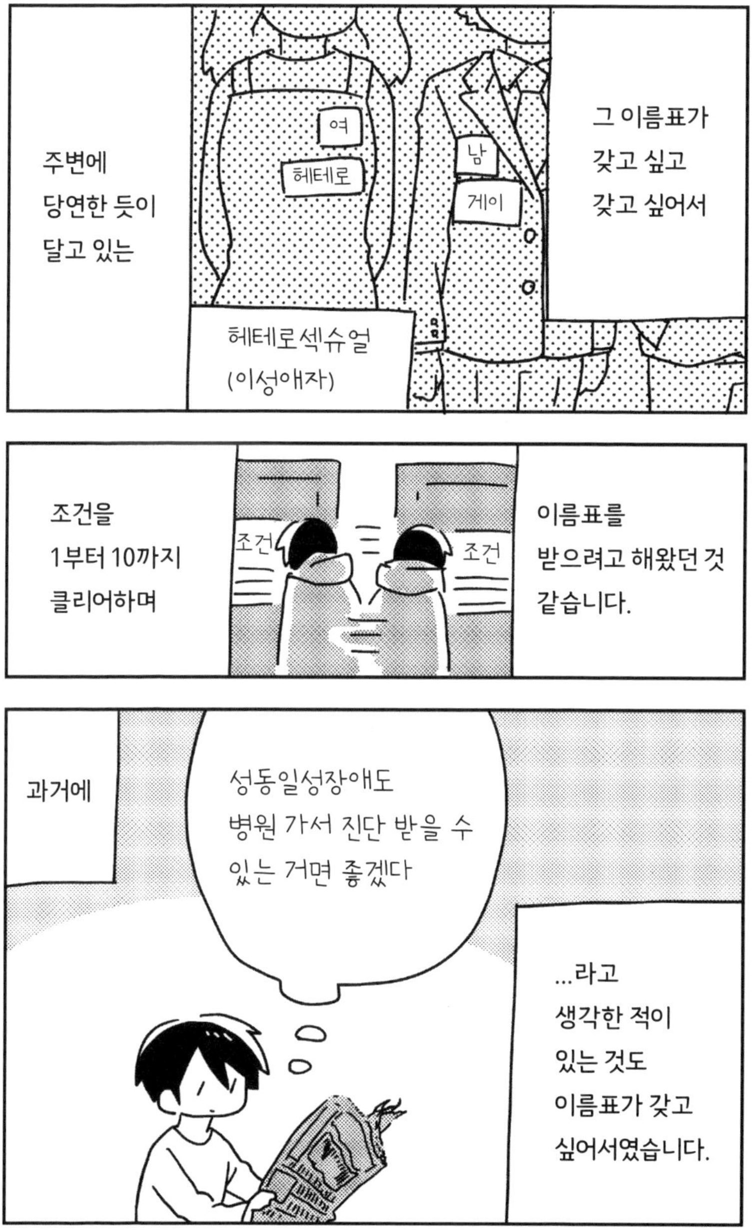

이미 다른 소중한 이름표가 달려 있던 걸

잊어버리고 있던 것 같습니다.

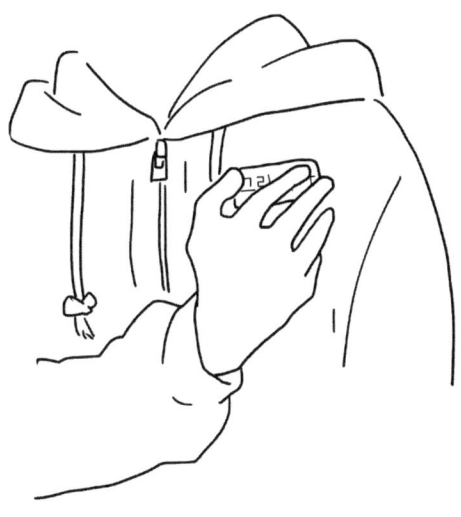

# 07 '여자니까'에 대한 반발

SNS에서 이런 내용을 봤습니다.

'여자니까'라는 소리를 계속 들어와서 무의식적으로 거기에 반발하고 있던 건 아니야?

컴퓨터

아

그럴 수도

# 08 연상의 남성

친구와 이야기하다가 깨달은 게 있었습니다.

컴퓨터

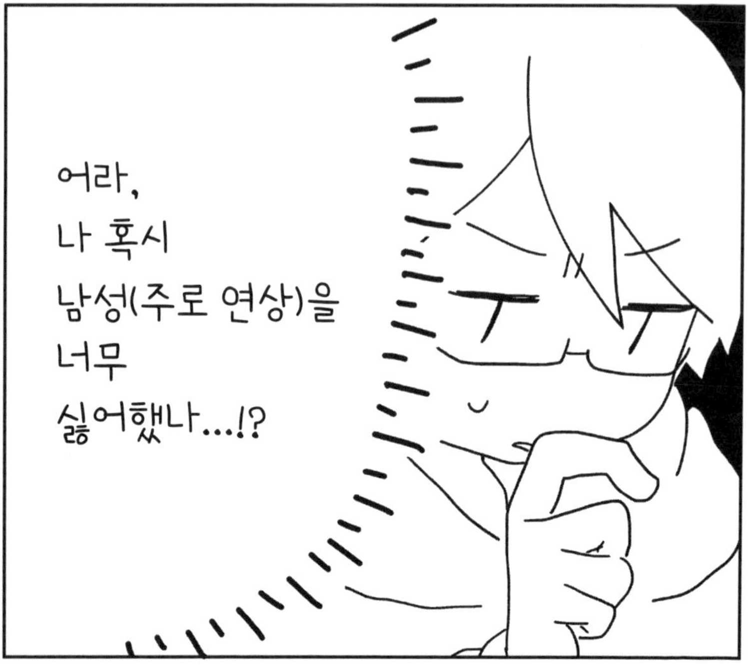

어라,
나 혹시
남성(주로 연상)을
너무
싫어했나…!?

어릴 때부터
비합리적인 일로
혼나는 엄마나
할머니를 보고는

내가 남자라면
절대 저렇게
안 대할 텐데

저런 말
안 할 텐데

...라고
생각한 적은
확실히
있었고

왜 저런 식으로

'내가 그 입장이었다면'
이라는 사고방식은
계속 가지고 있었습니다.

친구가
"남친이 ○○했어"와
같은 이야기를
할 때도
그렇게 생각함

내가 이 애
남자친구였다면
절대 그렇게
안 할 텐데

들어봐~!

왜 그런 짓을

사실 제가 남자로 태어났다고 해도

반드시 소중히했을 거라는 보장도 없지만요. 철이 없어서

그런 이유로

연상의 남성 = 적

처음 보는데도 경계 레벨 MAX

이 등식을 없애는 노력도 필요할지 모른다고 생각했습니다.

# 09 '남자가 되고 싶다'란

「'여자니까'에 대한 반발」로 생각한 게 하나 있습니다.

남자가 되고 싶다고는 말하지만 수컷(?)이 되고 싶은 건 아닌 거잖아

맞아 맞아

컴퓨터

왜 남자가 되고 싶다고 생각했는가.

제가 접해온 세상은 어릴 때부터 남과 여 양자택일이었기 때문에

여자인 게 싫다

그렇다면

(반드시) 남자여야 한다

그러므로

남자가 되고 싶어

...라고 생각했습니다.

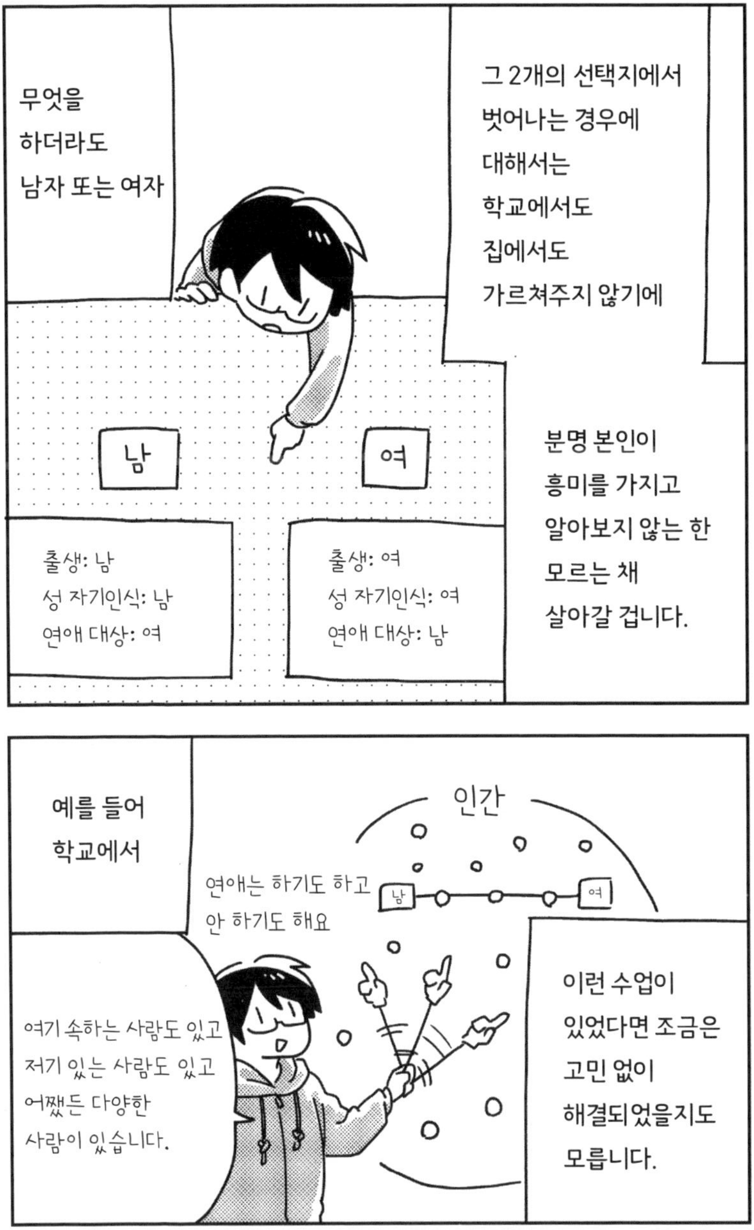

어떤 것도 이상한 게 아니라고

(연애 상대로) 누구도 좋아하지 않는 사람도 있답니다

정체성을 고민하는 사람도 있어요

어느 성별이든 다 좋아하는 사람도 있고

가볍게 알려주는 것만으로도…!

'만약' 이론을 펼친다고 해서 과거가 바뀌는 건 아니지만

우선 저는

# 3장

## 남자가 되려는게 아니다…?

정말로 남자가 되고 싶은 건가 생각해보니, 그렇지는 않은 것 같다는 생각에 이르렀습니다. 그럼 저는 어떻게 되고 싶은 걸까요?

# 01 난 왜 여성인 게 싫은 걸까?

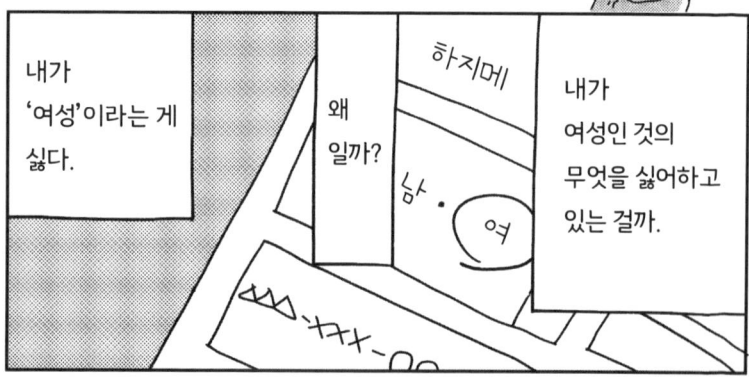

내가 '여성'이라는 게 싫다.

왜일까?

내가 여성인 것의 무엇을 싫어하고 있는 걸까.

하나는 '여자니까'라며 여성의 역할을 강요하는 것.

이건 틀림없습니다.

# 02 성이 있는 게 싫은 건가...?

여태껏 생각지도 못한 방향으로 흘러가 저도 동요하고 있습니다.

성이 싫다는 건...?

분명
남성이 되고 싶다고는
했지만

근육을 원하는 게 아니다

남성의 성기를 원하는 게 아니다

남성으로서 누군가와 성행위를 하고 싶은 게 아니다

그럼
여성으로 살아갈 수 있냐고 하면

# 03 서류

# 04 성이 있는 게 싫다는 건 결국...

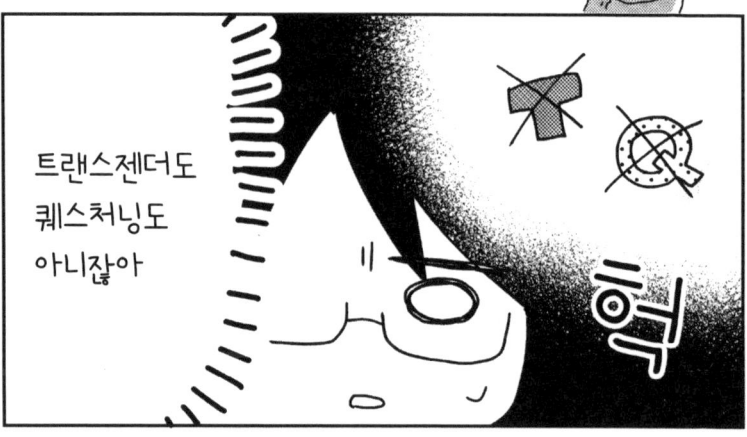

트랜스젠더도
퀘스처닝도
아니잖아

헉

o 트랜스젠더
    (출생 시의 성별과 다른 성별로
    살아가는(살고 싶어 하는) 사람)
o 퀘스처닝
    (자신의 성별, 성적 지향을
    모르거나 갈등하는 사람)

그중 시선이 멈춘 곳이 **논바이너리** 라는 말입니다.

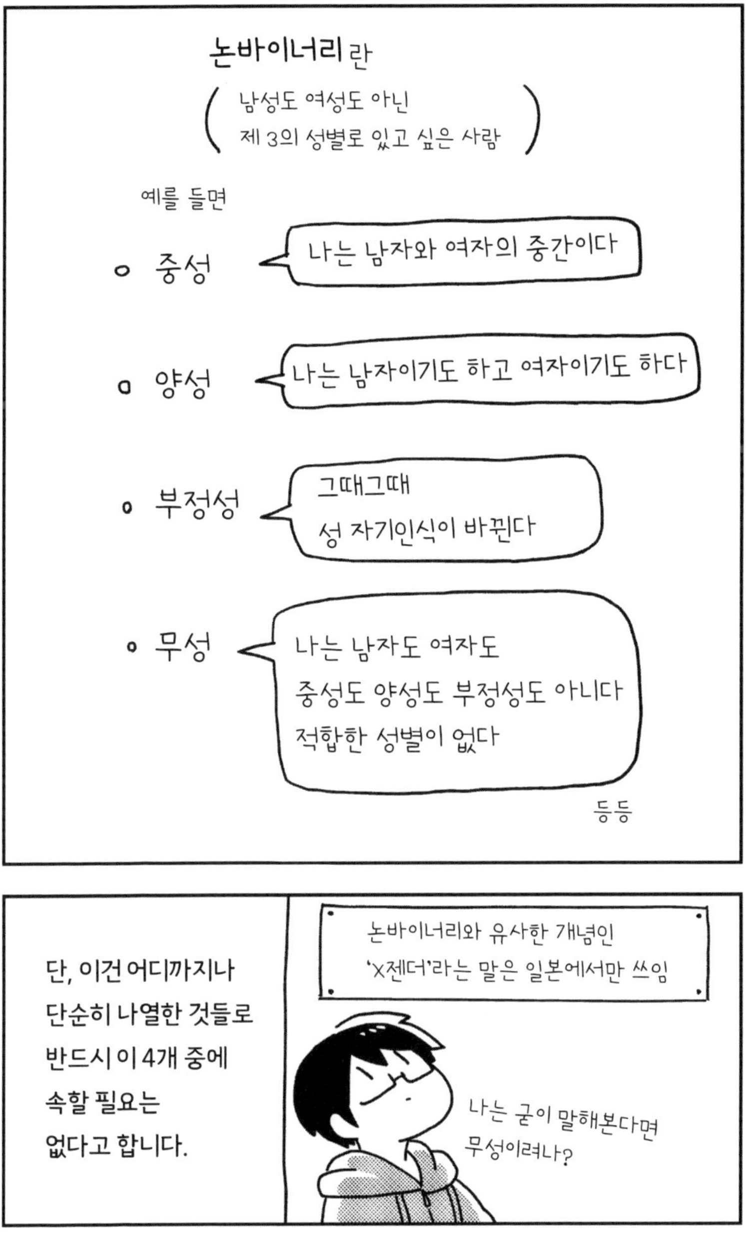

## 논바이너리 란

( 남성도 여성도 아닌 제 3의 성별로 있고 싶은 사람 )

예를 들면

o 중성 — 나는 남자와 여자의 중간이다

o 양성 — 나는 남자이기도 하고 여자이기도 하다

o 부정성 — 그때그때 성 자기인식이 바뀐다

o 무성 — 나는 남자도 여자도 중성도 양성도 부정성도 아니다 적합한 성별이 없다

등등

---

논바이너리와 유사한 개념인 'X젠더'라는 말은 일본에서만 쓰임

단, 이건 어디까지나 단순히 나열한 것들로 반드시 이 4개 중에 속할 필요는 없다고 합니다.

나는 굳이 말해본다면 무성이려나?

# 05 A섹슈얼이라는 것

성 자기인식에
대해선
아마 무성이겠지

이름표 GET

논바이너리

무성

하며
안심할 수
있었지만

성 자기인식: 본인의 성별을 어떻게 인식하고 있는가

무성: 남자도 여자도 중성도 양성도 부정성도 아니다
　　　적합한 성별이 없다

그럼
성적 지향 쪽은
어떨까?

성적 지향
누구를 연애 대상으로
좋아하게 되는가

이것도
들어맞는 게
있을까?

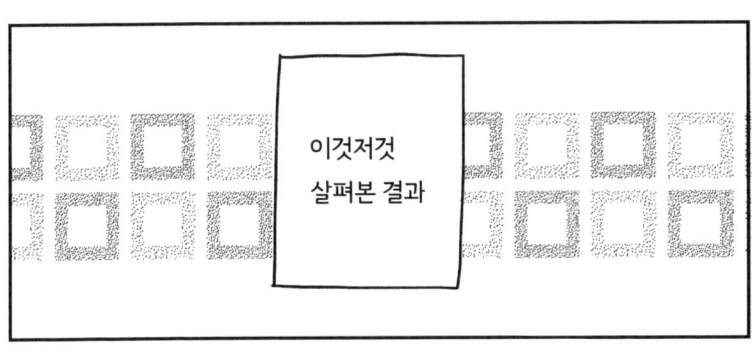

### A섹슈얼 이란

타인에게 성적 욕구를
느끼지 못하는 것

O  세계적으로는 연애 감정의 유무에 관계 없이
'A섹슈얼'이라고 부릅니다.

하지만

O  일본에서는

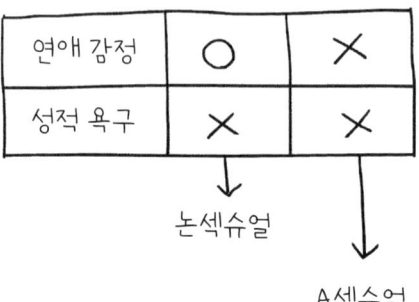

| 연애 감정 | O | X |
|---|---|---|
| 성적 욕구 | X | X |

↓ 논섹슈얼

↓ A섹슈얼

로 나뉘는 듯합니다.

혼자 있는 걸
'외롭다'고 느끼지 않는 것도
문제인 걸까...?

하지만
친구랑 놀기도 하고
혼자만의 시간은
필요하고

◆3장 남자가 되려는 게 아니다...?

# 06 에너지 있는 그림

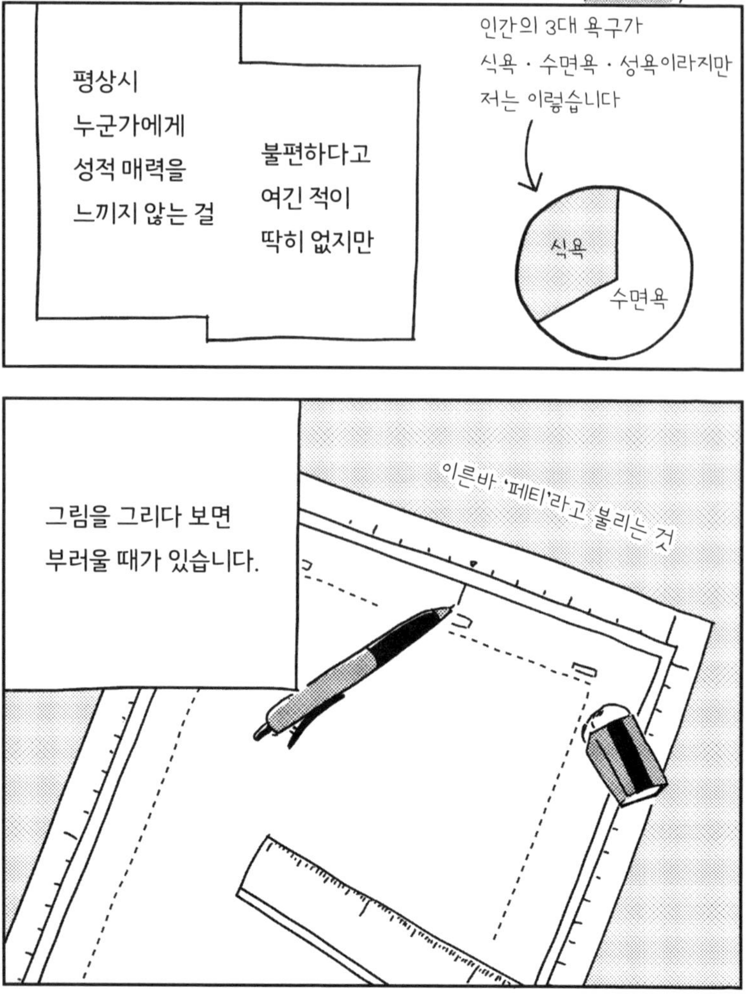

평상시 누군가에게 성적 매력을 느끼지 않는 걸

불편하다고 여긴 적이 딱히 없지만

인간의 3대 욕구가 식욕·수면욕·성욕이라지만 저는 이렇습니다

식욕 / 수면욕

그림을 그리다 보면 부러울 때가 있습니다.

이른바 '페티'라고 불리는 것

예를 들어 똑같이 A라는 캐릭터를 좋아한다고 해도

(캐릭터 성별 상관없이) **나**
- 그 캐릭터의 사고방식을 동경함
- 주위로부터 호감을 사는 게 느껴짐

(다른 캐릭터들과 사이 좋게 지내서 좋음)

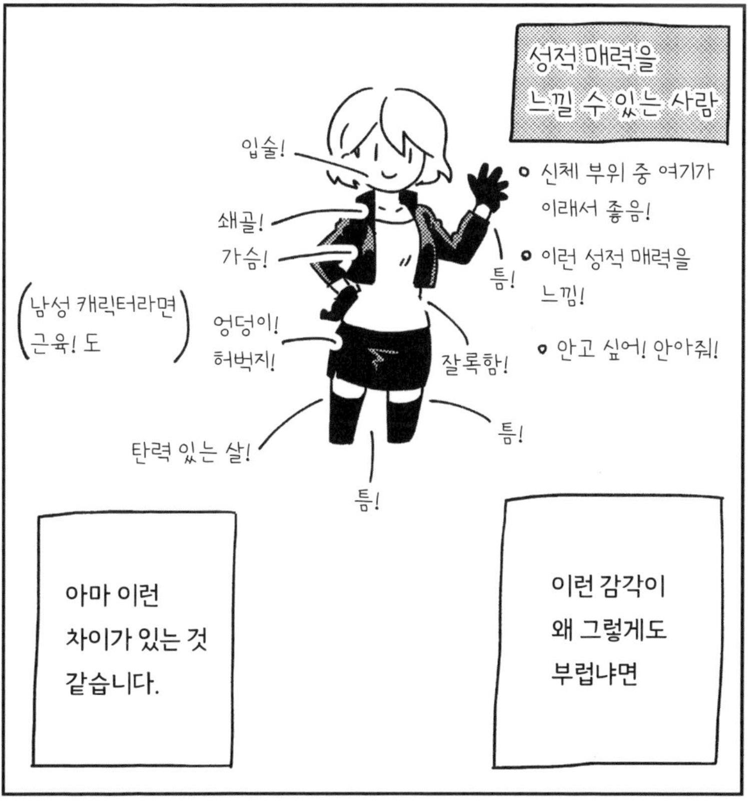

**성적 매력을 느낄 수 있는 사람**

입술!
쇄골!
가슴!
(남성 캐릭터라면 근육! 도)
엉덩이!
허벅지!
탄력 있는 살!
틈!
잘록함!
틈!
틈!

- 신체 부위 중 여기가 이래서 좋음!
- 이런 성적 매력을 느낌!
- 안고 싶어! 안아줘!

아마 이런 차이가 있는 것 같습니다.

이런 감각이 왜 그렇게도 부럽냐면

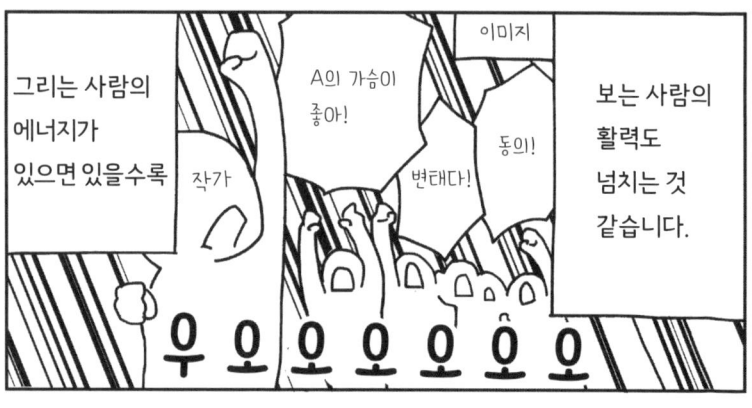

# 07 사귐

일단
남자도 여자도
사귀어본 적은
있는데

허리에 손이 감길 때마다
'아? 만지지 마'라는
생각이 들었다

받은 만큼의 호의를
돌려주지 못했다

둘 다
저 때문에
헤어졌습니다.

당시에는 아직
성 자기인식이나
성적 지향이
흔들리고
흔들렸기 때문에

사귀어보면
뭔가 알게
될지도
몰라

내가 이성애자인지
레즈비언인지 뭔지

...라고
생각한 부분도
있었습니다.

그러나

매우 미안한 일을 저질러버렸다...

폐 끼친 것밖에 더 되냐...

지금 돌이켜보면 '분명 좋아하긴 했지만 성행위를 하고 싶었던 건 아니었다'고 생각합니다.

LOVE의 마지막 단계에 성행위가 있다고 한다면

일반적인 사람

Love
연인

Like
친구  가족
선배
후배
etc.

나 (성욕이 조금도 없음)

이런 느낌?

Like

친구   여동생

지인   연인(?)

etc.

'좋아하는 사람'으로서 전부 여기에 들어감

•3장 남자가 되려는 게 아니다...?

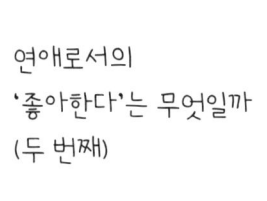

# 08 아무리 설명해도...

전에 이러저러해서 '친구가 되고 싶다'며 연락 온 남성이 있었습니다.

우리 친구 할래요?

친구라면 뭐 딱히 거절할 이유도 없고

안면은 있어서

그래요

...라고 보냈더니

다음에 저녁 같이 먹을래요?

# 09  'ㅇㅇ다움'에의 고집

다행히 제 주변에는 '성별 따위 상관없어' 라고 말해주시는 분들이 많이 있습니다.

하지메라서 좋아

지금 모습 그대로 좋아

매우 기쁘고 행복한 일이지만

그래도 뭔가 뿌연 것이 사라지지 않아서

좋아

지금 그대로도 좋아

그 이유가 뭔지 생각을 거듭한 끝에 최근 깨달은 건

어느새
말도 안 되는 게
달려 있어

우선은
이걸 떼어내는 일을
목표로 하기로
했습니다.

짤각

짤각

# 마무리

마지막으로 예전의 저처럼 고민하고 계신 분들에게 전하고 싶은 이야기를 그렸습니다.

제 이야기가 누군가에게 도움이 되기를.

# 01 이야기 다 해놓고 좀 그렇지만

(사춘기를 겪고 계신 분은 특히)

자신의 성별에 대한 이러저런 결정을 서두르지 마세요...!!

여기 주목!

사춘기는 '나는 어떤 사람인지'가 만들어지는 시기입니다.

어떻게 살 것인가

흑역사가 생기기도 하고

중2병을 겪기도 하고

무엇이 될까

물론 당시에는 매우 진지하게 생각했었고

매우 힘들었던 것도 사실입니다.

당시의 저에게: 그거 사춘기 때 충분히 겪을 수 있는 일이니까 조금만 진정하고 생각해봐

이렇게나 진지하고 힘든데

...라고 말해도 아마 귀담아 듣지 않았을 겁니다.

분명 '이해 못 하는 어른'이라 여겼을 것

그래서 만약 이 만화를 보는 분들 중 사춘기를 겪고 계신 분이 있다면

저도 나중에 또 바뀔 가능성이 아예 없다고는 할 수 없습니다

이 점을 머릿속 어딘가에 잘 기억하고 계셔준다면 기쁘겠습니다.

# 02 특별한 게 아니라

저는 지금 저의 상태를

실은…

지금까지 말하지 못했는데

…라며 심각하게 밝힐 만한 것이 아니라고 생각합니다.

그래서 굳이 '커밍아웃'이라는 말을 쓰지 않고 여기까지 왔습니다.

**커밍아웃** 이란

자신이 성소수자(LGBT 등)임을 주위에 말하는 것

예를 들어 왼손잡이나 AB형인 사람이

숨겨서 미안

지금까지 말하지 못한 게 있는데 나… 실은… 왼손잡이야

…라고는 말하지 않잖아요.

분명
잡담을 하다가
우연한 순간에

맞아 맞아 나 왼손잡이야~

나 AB형이야~

...라고 말하겠지요.

그 정도로 별것 아닌 특징 중 하나.

개성 중 하나.

그렇다면 일부러 물어볼 필요도 없는

그만큼의 일로 받아들여진다면 좋겠습니다.

# 03   P.S.

이 만화를 SNS에 업로드했을 당시 정말 많은 코멘트를 받았습니다.

이 자리를 빌려 감사합니다

트위터 RT나 DM, pixiv 메시지 등으로 직접 받은 후기에

이런 (마음) 상태에 있는 건 저뿐이라고 생각했는데

다른 사람도 이렇다는 걸 알아서 안심돼요 마음이 가벼워졌어요

...라는 내용이 많아 놀랐습니다.

또 '알기 쉽다', '재미있다(흥미롭다)' 등의 후기도 많았습니다.

'이런 사람도 있구나' 하고 당신의 인간 도감에 추가될 수 있다면 기뻐요

단 3주만에 이렇게나

이해해

나도

주변에 이런 사람 있어

많은 사람을 찾았는데

왜 저는 십수년 동안이나 그 존재를 모르고 살았던 걸까요.

아마 검색해보려고 해도 마땅한 단어가 없고

뭐라고 설명해야 좋을지 모르겠음

설명이 가능하면 힘들지 않을 텐데

대부분 많은 사람이 숨기고 살아가서 그런 것 같습니다.

# 저는 왼손잡이도
# AB형도 아니지만

초판 인쇄 | 2021년 6월 30일
초판 발행 | 2021년 7월 15일

지은이 | 카라타치 하지메
옮긴이 | 고망쥐
발행인 | 김태웅
기획 편집 | 길혜진
디자인 | 남은혜, 신효선
마케팅 | 나재승
제　작 | 현대순

발행처 | (주)동양북스
등　록 | 제 2014-000055호 (2014년 2월 7일)
주　소 | 서울시 마포구 동교로22길 14 (04030)
구입 문의 | 전화 (02)337-1737　팩스 (02)334-6624
내용 문의 | 전화 (02)337-1762　dybooks2@gmail.com

ISBN  979-11-5768-720-6 07830

「ぼくは性別モラトリアム」(からたち はじめ)
BOKUWA SEIBETSU MORATORIUM
Copyright ⓒ 2020 by Hajime Karatachi
Original Japanese edtion published by Gentosha, Inc., Tokyo, Japan
Korean edition is published by arrangement with Gentosha, Inc.
through Japan Creative Agency Inc., Tokyo and BC Agency, Seoul

▶ 본 책은 저작권법에 의해 보호를 받는 저작물이므로 무단 전재와 복제를 금합니다.
▶ 잘못된 책은 구입처에서 교환해드립니다.